AF258366

# MONUMENT FUNÈBRE

## DE

# FONTAINES-LES-DIJON

OU

## SOUVENIR PIEUX

DES COMBATS DES 21, 22 ET 23 JANVIER 1871

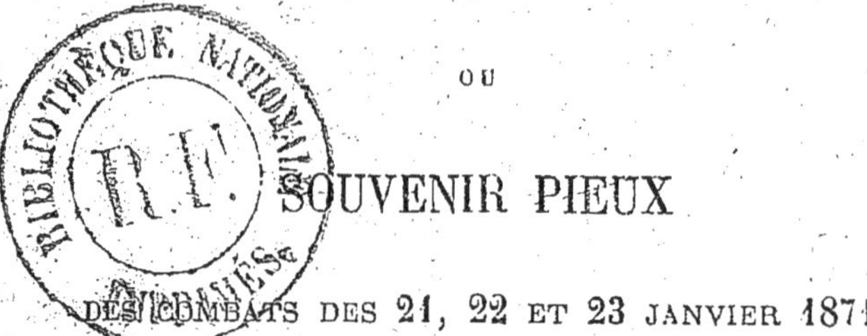


---

**Prix : 1 franc**

Le produit de la vente de cet opuscule est destiné à l'achèvement
du monument funèbre

<hr>

## DIJON

## IMPRIMERIE DARANTIERE

Rue Chabot-Charny, 65

---

## 1877

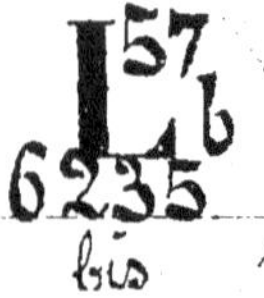

# MONUMENT FUNÈBRE

DE

# FONTAINES-LES-DIJON

Monument funèbre. — Église maternelle de Saint Bernard.     Chapelle natale de Saint Bernard

# MONUMENT FUNÈBRE

DE

# FONTAINES-LES-DIJON

OU

## SOUVENIR PIEUX

DES COMBATS DU 21, 22 ET 23 JANVIER 1871

---

**Prix : 1 franc**

Le produit de la vente de cet opuscule est destiné à l'achèvement
du monument funèbre.



DIJON

IMPRIMERIE DARANTIERE

Rue Chabot-Charny, 65

1877

# AVANT-PROPOS

De toutes parts on nous a pressé de publier en brochure les discours qui ont été prononcés à Fontaines, le 8 novembre 1876, à propos de l'exhumation des soldats français tués dans ce pays, pendant la dernière guerre, et de leur sépulture au pied d'un monument, que la piété publique leur a consacré, tout près de notre cimetière.

Nous nous serions empressé de céder bien plus tôt à ce vœu général, nous aurions même ajouté à ces discours le récit des combats livrés autour de Fontaines, les 21, 22 et 23 janvier 1871, si, retenu par de graves infirmités, nous n'avions dû attendre des temps meilleurs pour écrire.

Malheureusement le travail nous est encore interdit. Forcé par l'empire des circonstances de publier aujourd'hui, nous nous contenterons de livrer au public ce que les journaux du temps ont rapporté : c'est l'annonce de la fête funèbre, le compte rendu de cette fête, qui eut lieu à l'église de Fontaines, le 8 novembre dernier, et les discours qui furent prononcés en cette occasion.

En tête de cet opuscule, nous avons fait placer une

gravure, qui représente le monument funèbre. Il est tel qu'il sera visible lorsque seront terminées ses décorations extérieures, ainsi qu'un mur nouveau, qui l'englobera dans le cimetière. Derrière ce trophée se voit, au milieu du cimetière, l'église paroissiale de Fontaines, bâtie par la mère de saint Bernard ; et, à quelques pas plus loin, la chapelle du même saint Bernard, érigée sur son glorieux berceau. Les parents chrétiens, qui pleurent des victimes de la guerre à Fontaines, ne verront pas sans consolation que leurs fils reposent avec honneur dans la terre sainte, et sont placés sous la protection immédiate d'un saint, notre compatriote, qui fut la gloire la plus pure de la Bourgogne, de la France et de l'Eglise, et qui est encore aujourd'hui le plus grand bienfaiteur des âmes.

Fontaines-les-Dijon, le 25 mars 1877

MERLE,

*Curé de Fontaines*

# MONUMENT FUNÈBRE

## DE FONTAINES-LES-DIJON

---

2 NOVEMBRE 1876

Une importante cérémonie aura lieu mercredi prochain 8 novembre, à dix heures, au village de Fontaines-les-Dijon. C'est l'exhumation des soldats tués au pied de sa colline, dans les cruelles journées des 21, 22 et 23 janvier 1871, et l'inauguration d'un monument funèbre, qu'une souscription publique, dépassant 2,000 francs, y a érigé à leur glorieuse mémoire, en face du cimetière et de l'église.

Les départements, dont ces braves étaient originaires, c'est-à-dire les Alpes-Maritimes, l'Aveyron, l'Isère et Saône-et-Loire, y seront représentés par les présidents de leurs Conseils généraux.

Les troupes qui combattirent dans ces journées le seront par le général Pélissier, qui commandait Dijon et les Légions mobilisées de Saône-et-Loire, et par le colonel Bleton, qui, au commandement des légions de l'Isère, ajouta celui de la brigade de Fontaines, après que le trop brave général Bosak fut tombé au champ d'honneur, au-dessus de Daix, à la Combe-à-la-Dame.

M. le Ministre de la guerre a été aussi invité à cette fête funèbre ; mais il est difficile de croire que les travaux de son ministère et les difficultés du temps lui permettent de se rendre en ce moment en Bourgogne.

Le département de la Côte-d'Or y sera représenté par M. le

Préfet, par un des présidents de notre Conseil général, et aussi, dit-on, par un des généraux de Dijon.

Il ne nous appartient pas de préjuger ce que feront Dijon et Fontaines. Mais l'empressement que la ville a mis à souscrire pour le monument, et la piété quasi-filiale dont les habitants de Fontaines ont donné des preuves si touchantes, en maintes occasions, envers ces braves défunts, cette considération surtout, qu'ils vont voir enfin les cendres de ces héros se confondre avec celles de leurs ancêtres, font croire qu'ils se regarderont désormais, plus que tous autres, comme les représentants les plus autorisés des familles de ces victimes, et qu'ils tiendront tous à honneur de les remplacer dans cette lugubre cérémonie.

## FÊTE FUNÈBRE

### 2 NOVEMBRE 1876

La cérémonie funèbre de Fontaines s'est accomplie hier, dans le plus grand ordre, et avec une visible édification. Elle était présidée par M. le chanoine Decœur, délégué de M<sup>gr</sup> l'Evêque de Dijon, assisté de M. le curé de Fontaines, de M. l'abbé Poiblanc, chapelain de Saint-Bernard, de M. l'abbé Villemot, vicaire de Saint-Michel, et de MM. les curés d'Ahuy et de Bellefond.

L'assistance était exceptionnelle ; la vaste église de Fontaines ne suffisait pas à la contenir. Outre les habitants du pays, qui étaient en grand deuil, on comptait un grand nombre de personnes de Dijon, des pays voisins et même lointains.

La Côte-d'Or y était représentée par M. le Préfet, M. le Secrétaire général, et M. Perdrix, vice-président du Conseil général ;

Saône-et-Loire, par M. le général Pélissier, membre de son Conseil général, ancien commandant de ses légions mobilisées, ainsi que de la subdivision de Dijon ;

L'Isère, par M. le colonel Bleton, ancien commandant de ses

légions, ainsi que de la brigade de Fontaines, après la mort du général Bosak ;

L'Aveyron, par M. le colonel Willames, qui commanda sa légion de mobiles, et par M. Jalabert, lieutenant de chasseurs à cheval à Dijon.

Quatre grandes bières, contenant les ossements de 35 des soldats tués au pied de la colline de Fontaines, pendant les journées des 21, 22 et 23 janvier 1871, étaient au milieu du chœur, couvertes de draperies mortuaires, de cierges et de couronnes. Ce spectacle, qui provoquait bien des regrets, couvrait d'un voile de tristesse cette lugubre cérémonie.

Après la messe, religieusement chantée, le clergé s'étant rangé, pour l'absoute, autour de ces cercueils, M. le curé prononça une allocution pour dire le sens de cette fête. On rendait de publics hommages au dévouement patriotique de ces braves; on le consacrait par les prières et les bénédictions de l'Eglise, et on inaugurait pour le glorifier un monument fort remarquable, malheureusement inachevé faute de ressources.

Après l'absoute, on a porté les restes de ces braves au cimetière. Une grande fosse y avait été creusée dans sa partie extrême, du côté de l'est, en face du monument. C'est là que ces braves ont été déposés, en attendant qu'un caveau funéraire les reçoive un jour au pied même de leur trophée.

Ensuite des discours ont été prononcés sur ces glorieuses tombes par M. le Préfet, au nom de la France, par M. colonel Bleton, au nom de l'Isère et de la brigade de Fontaines, par M. le général Pélissier, au nom de Saône-et-Loire et de ses quatre légions, et par M. Perdrix, au nom de la Côte-d'Or.

Nous publierons incessamment ces discours, tous fort remarquables, et dictés par un véritable patriotisme; ils doivent avoir aussi leur place dans l'histoire de cette guerre.

# DISCOURS DE M. LE CURÉ DE FONTAINES

MES FRÈRES,

Il est à peine besoin de paroles pour vous exposer le caractère de cette fête ; elle a son muet langage, qui en fait hautement ressortir la patriotique signification.

Cet appareil lugubre d'une solennité exceptionnelle, ces quatre grandes bières, que recouvrent ces draperies funèbres, ces couronnes et ces milliers de lumières vous disent que nous célébrons un grand deuil.

Ce jeune officier, qui semble monter la garde autour de ces cercueils, vous révèle que nous pleurons ses frères d'armes.

Ces vaillants officiers supérieurs, dont le commandement a marqué dans ce pays, lesquels ont bravé les rigueurs du temps, de la distance et des ans, pour dire ici un dernier adieu à leurs soldats, nous témoignent que ceux-ci étaient dignes de l'estime de leurs chefs et qu'ils sont bravement tombés au champ d'honneur.

La présence de ce vénérable chanoine, ancien curé de Fontaines, et délégué par Monseigneur l'Évêque de Dijon, nous fait voir que l'Eglise tient en honneur les modestes héros de Fontaines.

Ces honorables représentants des Alpes-Maritimes, de l'Aveyron, de l'Isère et de Saône-et-Loire, nous rappellent combien leurs départements se regardent comme honorés par le sacrifice de leurs généreux compatriotes.

En remarquant ici le premier magistrat de notre département, lequel le gouverne, chacun le proclame déjà, avec tant de zèle et de sagesse, et avec lui, l'un des honorables présidents de notre Conseil général, on voit quel prix la Côte-d'Or attache au sang versé sur son sol pour sa défense et celle de la France.

Enfin, cette foule compacte et religieuse, qui se presse pieusement autour de ces cercueils, mais surtout ces familles de Fontaines en deuil nous témoignent hautement combien de cœurs sont jaloux de représenter ici les familles absentes, et de répandre à leur place des prières et des larmes sur un si grand nombre de têtes chéries.

Voilà ce que c'est que la fête que nous célébrons. Vous le voyez, nous rendons un public hommage au dévouement patriotique ; nous le consacrons par les prières et les bénédictions de l'Eglise, et nous le glorifions par un trophée monumental.

Qu'est-ce que le dévouement? Comment s'est-il mis à Fontaines au service de la patrie ?

Le dévouement, c'est la plus belle action humaine, c'est le sacrifice de soi-même au profit d'un autre homme. Dans un siècle troublé comme le nôtre, égaré par mille erreurs, où l'égoïsme menace de devenir la règle de conduite générale, le sacrifice de soi-même est d'autant plus remarquable qu'il semble moins le devoir commun. Il devrait cependant être de tous les jours, de toutes les heures et de tous les hommes, car il est impossible d'être un vrai chrétien sans l'esprit de sacrifice.

En effet, la première règle de conduite personnelle, que Jésus-Christ a tracée à la société chrétienne, est celle du dévouement personnel : *Si quelqu'un*, a-t-il dit, *veut être mon disciple, qu'il commence d'abord par faire abnégation de sa personne, qu'il prenne sa croix, et se conduise comme moi.*

Si vous me demandez à voir un exemple du vrai chrétien, je vous répondrai : Regardez sur cet autel, voilà le portrait du Maître en dévouement. Il a sacrifié sa vie pour les hommes, et il est là sur la croix, à l'état perpétuel de sacrifice, et il y sera jusqu'à ce que le dernier des hommes de bonne volonté soit sauvé.

Voilà donc le vrai type du sacrifice, c'est Jésus-Christ. Voilà de même la vraie source du dévouement personnel ; c'est la croix. Le Maître s'est dévoué pour ses disciples, afin de leur apprendre, comme de les encourager à se dévouer les uns pour les autres.

Eh bien, mes Frères, ceux dont nous pleurons la glorieuse mort ont tous été élevés à l'école de Jésus-Christ. Au jour de leur première communion ils ont juré d'imiter le Maître. Or, voilà qu'au 21 janvier 1871, ils ont glorieusement tenu leur serment. Ici, en hommes généreux, ils se sont dévoués à mourir pour nous faire vivre, à se perdre pour nous sauver, à sacrifier leur vie pour ressusciter la France à l'agonie.

Je vous l'affirme, moi qui ai vu du haut de cette montagne la plupart de ces braves à l'œuvre, pendant ces trois cruelles journées du 21, du 22 et du 23 janvier 1871 ; je vous l'affirme, un certain nombre d'entre eux ont volontairement fait à Dieu, pour le salut de la France, le sacrifice de leur vie. Plusieurs, avant de voler au combat, ont voulu se retremper à la source du sacrifice. Ils me demandaient de les absoudre de leurs péchés ; ils voulaient communier avec Jésus-Christ, pour se donner du cœur. De ceux-là, nous en avons retrouvé sur le champ de bataille, hélas ! couchés dans la poussière ; nous en avons retrouvé dans les ambulances, et ceux-ci nous disaient, avec un accent de joie contenue : Je n'ai pas eu peur, parce que Jésus-Christ était avec moi, retrempant mon courage.

Braves mobiles de l'Aveyron, à vous le premier honneur, parce que vous avez eu l'honneur du feu, dans ces trois cruelles journées. Votre infortuné chef, le brave Bosak, vous savait du cœur, quand il vous criait : *A moi, mes Aveyronnais.* Vous n'étiez au début de l'action qu'une poignée d'hommes, et malgré cela, vous avez supporté vaillamment le choc de l'ennemi, depuis Val-de-Suzon, jusqu'à Changey. J'ai parcouru plus tard cette route de Saint-Seine, qui fut pour vous une étape de gloire, et j'ai vu de mes yeux, par les débris de mille cartouches, et par les traces de votre sang, j'ai vu, dis-je, que vous avez défendu le sol de la patrie pied à pied, pendant douze kilomètres, derrière chaque arbre, chaque levée de terre, chaque monceau de pierres, vous, à peine 250 hommes, armés de vieux fusils, contre une brigade de 3,500 ennemis, armés de fusils à longue portée, ayant pour escorte 12 canons et un escadron de cavalerie légère.

Je vous ai vus faire non moins vaillamment face à l'ennemi, à onze heures et demie, à la voix de votre brave général Bosak, lorsqu'il vous rallia derrière Changey, avec quatre ou cinq compagnies de votre légion, et vous ramena vivement à la charge, au-dessus de cette Combe-à-la-Dame, qui fut, hélas ! son glorieux tombeau.

Mais gloire entre tous à vous, dix jeunes hommes de bonne volonté, qui, sortis des rangs, à l'appel du même Bosak, lui fîtes cortége jusqu'à vingt-cinq pas de l'ennemi, la poitrine découverte, lorsqu'à votre tête il se porta en avant, pour vous montrer le chemin de l'honneur. Vous tombâtes, hélas ! tous les dix à la fois, et sept, avec votre chef, pour ne plus vous relever.

Vous marchiez sûrement, mais généreusement à la mort, parce que le Christ, que vous aviez reçu naguère, inspirait vos cœurs et vous commandait ce grand sacrifice pour notre pays. Votre vénérable et saint aumônier me le révélait, le soir même du combat, et mes paroissiens m'ont assez raconté comment ces bons jeunes gens du Rouergue se retrempaient chaque soir et chaque matin dans la prière, faite publiquement au milieu des maisons de Fontaines.

Et vous, non moins braves mobilisés de Saône-et-Loire, lorsqu'à une heure de la même journée vous avez marché à l'attaque de l'ennemi, et que vous lui présentiez, pour ainsi dire, homme par homme, vos généreuses poitrines, devant le Clos-Marion, en avant de Daix, une voix intérieure vous criait aussi qu'il ne fallait pas craindre de vous dévouer pour la France. Plusieurs de ceux qui tombèrent dans ces lieux nous disaient plus tard, à l'ambulance, en nous demandant nos bénédictions, que le souvenir du Dieu des Francs leur avait donné du courage.

Pour vous, généreux mobilisés de l'Isère, chargés de défendre l'ouest de Fontaines, je sais avec quelle remarquable fermeté vous avez gardé, la première soirée, vos positions si menacées, sur les flancs de l'ennemi, aux Créots et aux Echannes, et avec quel feu, le lendemain, vous avez pris part à cette brillante attaque qui débusqua les Prussiens de Daix. Cette valeur, vous la deviez à l'action énergique de votre intrépide colonel, lequel, devenu chef de brigade, conduisit si habilement et si vaillamment ses troupes à la victoire.

Mais si personnellement je n'ai pu juger de votre courage que par le nombre des victimes que vous avez laissé tomber au champ d'honneur, j'ai vu, oui, j'ai vu de mes yeux les rudes épreuves auxquelles a été mise la générosité de vos cœurs.

Venus, avec les braves mobiles des Alpes-Maritimes, les derniers à Fontaines, alors que ce pays regorgeait déjà de troupes, depuis huit jours, vous avez bivouaqué trois jours et trois nuits, sous un ciel des plus rigoureux, sans abri, sans paille et sans feu, et nous n'avons pas entendu une seule plainte, un seul murmure sortir de vos poitrines ! Mes paroissiens me le rappellent encore avec admiration, en pleurant de n'avoir pu satisfaire à votre égard aux saintes lois de l'hospitalité. Braves jeunes gens, n'est-ce pas le Dieu de votre enfance, le Christ de votre première communion, qui vous avait donné cette force d'âme et cette patience admirables que vous avez mises ici au service de la patrie ?

Vous oublierai-je vaillants mobiles des Alpes-Maritimes, qui, le 21, avez fait une pointe si vigoureuse jusque vers la croix de Daix, où fut tué votre jeune lieutenant Marius Dubois ?

Vous oublierai-je, volontaires de toutes armes, originaires de tous pays, de toute patrie, que votre amour pour la France en détresse avait appelés, de loin comme de près, à sa défense ? Braves enfants du Rhône, de la Vistule et du Nil, de l'Adige et du Guadalquivir, un grand nombre d'entre vous ont arrosé de leur sang généreux la terre de Fontaines. J'en ai vu vingt-cinq d'entre vous, dépassant tous les autres en courage, le 21, à deux heures, se lancer, sous une grêle de balles, à l'attaque du Clos-Marion, de Daix, qui était le centre du combat. Hélas ! le lendemain, je contemplais dix cadavres au pied de ces murs, et un survivant, que je trouvais à l'ambulance, un enfant de l'Italie, me disait tout simplement : « C'est égal, monsieur le curé, si l'on n'avait pas de religion, on ne braverait pas ainsi la mort ; avant de m'élancer à la charge, j'avais fait mon signe de croix. » Et un autre m'appelait vers sa couche, en me criant : « *Il padre meo ! Il padre meo !* »

Vous le voyez, mes Frères, nous avons donc bien raison de rendre hommage au patriotisme de tous ces braves. Mais nos hommages ne sont pas stériles ; nous les avons consacrés par les prières et les bénédictions de l'Eglise. Dès les jours du combat, placé, comme un nouveau Moïse sur le sommet de cette montagne, pour voir et secourir les braves qui se battaient dans la plaine, je n'ai cessé de les bénir, et ceux que je voyais marcher au combat, et ceux que je voyais tomber sous le feu de l'ennemi. Autant donc qu'il était en moi, je les appuyais de mes vœux, de mes prières et de mes bénédictions.

Lorsque les corps de ces braves furent rapportés du champ de bataille, je les fis placer dans l'enceinte de l'église, pour les rapprocher aussitôt, dans la mesure du possible, du Dieu vivant. Si, le lendemain, ils ne reçurent pas la sépulture dans la terre bénie des morts, ce n'est pas notre faute. Monsieur Monnot, maire de Fontaines à cette époque, avait fait commencer leur fosse dans cette partie du cimetière où ils reposent maintenant, lorsque le canon de l'ennemi vint interrompre les travailleurs. C'était le combat de Pouilly qui commençait ; il dura jusqu'au soir. La nuit venue, les habitants de Fontaines, ne pouvant défricher le sol du cimetière que les racines et la gelée rendaient trop rebelle, se virent forcés de déposer les cadavres dans une vigne du voisinage.

Mais leur souvenir n'a pas péri avec eux, car chaque année, le 21 janvier, nous avons rappelé leur glorieuse mémoire, invité nos paroissiens à prier pour eux, et célébré, à cette intention, un service solennel.

Tous les ans aussi, nous avons béni trois fois leur sépulcre, le 24 janvier, le troisième jour des Rogations et le jour de la fête des Trépassés, où nous venions processionnellement chanter un *Libera* sur leur fosse commune.

Cette terre où ils étaient inhumés provisoirement était devenue sacrée pour nous. J'enseignais à mes paroissiens à lui donner des marques de respect, et jamais les enfants n'ont passé devant ces braves sans se découvrir et dire : « *Requiescant in pace.* »

Enfin, aujourd'hui nous mettons le comble à notre piété filiale et à nos désirs les plus ardents, en les introduisant enfin dans le repos du cimetière. Ils viennent de repasser dans ce temple, qui est le siége de la miséricorde divine. Nous avons appelé sur ces victimes du dévouement les grâces les plus précieuses de Celui qui s'est dévoué pour eux. Nous avons voulu confondre une dernière fois leur sacrifice à celui de Jésus-Christ. Nous les avons présentés personnellement à Notre-Seigneur; et ce vénérable chanoine qui offrait à Dieu la sainte messe disait, en notre nom, du fond de son cœur : « Seigneur, ces hommes, pour la plupart, ont eu foi dans votre parole ; ils savaient bien que vous êtes la résurrection et la vie, que celui qui croit en vous ne périra pas éternellement. Confiants dans vos promesses, ils ont, par amour pour vous et pour nous, fait le sacrifice de leur vie. Soyez indulgent pour les faiblesses de leur âge, miséricordieux pour les péchés de leur jeunesse; couvrez-les du bouclier de votre miséricorde, et veuillez un jour ressusciter dans la gloire du ciel ces cadavres que la mort a, hélas! trop tôt défigurés. »

Enfin, mes Frères, il me reste à vous dire ce que nous avons fait pour glorifier leur mémoire :

Fontaines a été pendant trois jours le centre d'une lutte acharnée qui a pivoté autour de notre colline. Si l'ennemi a cru devoir avouer une perte de 7 ou 800 hommes, nos victoires ne nous ont coûté guère moins cher. Je n'en connais pas le chiffre officiel ; mais, au rapport de M. l'aumônier de l'Aveyron, la seule affaire de la Combe-à-la-Dame, qui dura dix minutes, a coûté 40 morts et 85 blessés, qu'il ramassa lui-même.

Or, la soirée du 21 ne fut pas moins chaude, et le combat de Pouilly, le 23, fut plus cruel encore.

Tous ces gens-là étaient morts pour nous ; la reconnaissance nous imposait donc un devoir.

La montagne de Fontaines, dominant de toute sa hauteur ce vaste champ de bataille, le berceau de saint Bernard le couvrant, pour ainsi dire, de son ombre protectrice, est-il étonnant que les habitants de Fontaines aient regardé comme un devoir de centraliser ici les honneurs dus à ces braves et de leur ériger un monument public ? Aussi, le Conseil municipal de ce pays, se faisant l'interprète du vœu général, a-t-il, par sa délibération du 3 août 1871, ouvert une souscription publique, à laquelle furent spécialement conviés les compagnons de ces braves soldats.

Notre voix trouva partout de l'écho ; il nous fut adressé les plus chaudes félicitations, et il nous fut envoyé de :

| | | |
|---|---:|---:|
| Saône-et-Loire, du Chalonnais surtout. . . . . . . . | 777 fr. | 75 |
| L'Isère. . . . . . . . . . . . . . . . . . . . . . . . . | 150 | » |
| L'Aveyron. . . . . . . . . . . . . . . . . . . . . . . | 555 | » |
| La Charente-Inférieure. . . . . . . . . . . . . . | 15 | » |
| Dijon. . . . . . . . . . . . . . . . . . . . . . . . . . | 316 | 20 |
| Fontaines. . . . . . . . . . . . . . . . . . . . . . . | 267 | 90 |
| Total. . . . . . . . . . . . . . | 2,111 fr. | 85 |

Grâce à ces ressources, nous avons fait ériger ce monument que vous avez vu, dont la dépense s'élève à 2.032 fr. 70

Reste. . . . . . . . . . . . . . 79 fr. 15

Toutefois, comme vous avez pu le remarquer, notre dette n'est pas entièrement payée : notre œuvre est incomplète. Ce monument est sans gloire, isolé dans cette solitude. Ses lignes bien harmonisées avec celles de l'église jurent avec celles de cet ignoble mur qui clôt le cimetière et en brise la perspective. Bref, il est mal et trop en relief.

Et puis, c'est au pied même de ce trophée que doivent reposer ces braves. Nous devions les déposer d'abord dans la terre bénie de notre cimetière ; mais ce n'est pas là leur dernière étape ; ils auront encore quatre mètres à franchir pour trouver le véritable siége de leur gloire et de leur repos. Il faut donc que ce vide soit comblé, qu'un caveau funéraire y soit construit, et que leur monument jouisse de tous les avantages en vue desquels il a été fait.

Mais pour cela, les ressources nous manquent. La caisse municipale est trop obérée et pour troplongtemps, pour que Fontaines puisse en tenter la dépense. Il nous faut encore près de 2,000 fr. pour achever notre œuvre. Espérons donc que la piété publique nous les procurera bientôt. Aussi, la souscription reste encore ouverte.

Maintenant, mes Frères, un mot en finissant. Je le répéterai bien volontiers, parce qu'il a été dit par une bouche bien autorisée, dans une circonstance analogue, devant 59 sépultures, le 21 septembre dernier, à Daix.

Ces soldats sont morts pour la défense de la patrie, et par conséquent pour celle de nos foyers. La reconnaissance nous impose donc un devoir sacré, c'est celui de prier pour ces hommes qui nous ont donné leur sang et leur vie.

Mais cette cérémonie renferme aussi un grand enseignement, que nous devons méditer, c'est que nous aussi nous devons être les défenseurs de la patrie. Or, nous ne le serons qu'en étant des hommes de devoir, jusqu'au dévouement, jusqu'à la mort s'il le faut. Qui donc nous inspirera cette force d'âme qui fait les cœurs dévoués ? La religion, car seule elle présente à l'homme des grâces et des espérances capables de vaincre l'égoïsme de la nature humaine.

Aussi, mes Frères, je terminerai cette allocution par la leçon du commencement : Quiconque veut être un brave homme doit faire abnégation de lui-même ; il doit ensuite prendre sa croix et se conduire comme Jésus-Christ.

## DISCOURS DE M. LE PRÉFET

La cérémonie à laquelle nous assistons réveille les plus amers souvenirs ; elle remet devant nos yeux une des pages les plus lamentables de notre histoire. C'est bien le lieu de s'écrier avec le poète :

> Quel rêve horrible : c'est l'histoire
> De nos frères couchés dans les tombeaux profonds ;
> Ce qu'aucun n'aurait voulu croire,
> Nous l'avons vu, nous qui vivons.

Tout douloureux qu'ils soient, ces souvenirs sont salutaires. Notre devoir est de ne pas oublier. Il est bon que nous ayons souvent à la pensée les malheurs du pays, cela nous aidera à devenir meilleurs et plus dévoués.

Ces généreux enfants, dont nous venons de recueillir et dont nous honorons les funèbres restes, ont aimé la patrie jusqu'à donner leur vie pour elle dans une lutte désespérée. Nous, ne ferons-nous rien pour elle? Aimons-la au moins jusqu'à lui faire le sacrifice de nos divisions.

Associés dans une unique pensée, travaillons d'un commun effort, en nous donnant la main, à sa grandeur et à sa prospérité.

Devant ces cercueils, comment ne pas sentir qu'elle n'a pas trop de toutes ses forces vives? Comment ne pas reconnaître que nous avons mieux à faire que de nous dépenser dans d'énervantes querelles? et comment ne pas avouer qu'il est peu patriotique et peu digne d'être occupés sans cesse à donner une triste opinion de nous-mêmes aux étrangers, pour peu qu'ils soient disposés à croire la moitié du mal que nous disons les uns des autres?

Toute maison divisée sur elle-même périra. Cette divine parole, rappelée, il y a quelques jours, sur la tombe d'un soldat illustre, doit résonner à notre oreille comme un avertissement.

Oui, chers morts, nous penserons souvent à vous, votre mémoire nous sera toujours un noble enseignement en même temps qu'un pieux entretien. Les habitants de cette commune conserveront vos restes au milieu d'eux comme de chères reliques.

Sur cette tombe, que vient de vous donner leur patriotisme, je dépose l'hommage de la gratitude et les remerciements du pays tout entier.

---

# DISCOURS DE M. LE COLONEL BLETON

Messieurs,

M. le sénateur Michal-Ladichère, président du Conseil général de l'Isère, étant retenu à Paris par ses travaux parlementaires, m'a prié de vous exprimer ses regrets de ne pouvoir assister à cette solennelle cérémonie à laquelle vous l'aviez invité pour représenter le département de l'Isère.

Avant tout, Messieurs, permettez-moi de vous remercier de l'honneur que vous m'avez fait en m'invitant aussi à prendre part à cette cérémonie : c'est un impérieux devoir pour moi de venir, au nom de la première brigade de l'armée des Vosges, retracer en quelques mots les souvenirs du passé et dire, en présence d'une assistance nombreuse et recueillie, quelques paroles d'adieu et de regret sur la tombe de ceux qui sont morts au champ d'honneur.

Notre brave général Garibaldi, commandant en chef de l'armée des Vosges, m'avait, comme vous le savez, appelé à l'honneur de commander cette brigade pendant les combats qui se sont livrés sous vos yeux les 21, 22 et 23 janvier 1871, en remplacement du général polonais Bosak-Hauké, tué dans la matinée du 21. En rappelant hautement sa conduite chevaleresque, son dévouement à la France, les services qu'il lui a rendus et sa mort glorieuse ; en venant près du lieu de sa mort exprimer les regrets unanimes et justement mérités qu'il a laissés parmi nous, nous nous acquittons d'un devoir et payons une dette sacrée. Puisse ce témoignage de reconnaissance parvenir à madame Bosak et à ses enfants ! Il leur fera connaître l'expression de nos sentiments, et leur dira que l'ingratitude n'a jamais accès dans les cœurs français.

Le monument que vous avez érigé et que vous inaugurez aujourd'hui va recevoir les corps des braves soldats morts en combattant pour la France ; ils appartenaient au régiment des mobiles de l'Aveyron à celui des Alpes-Maritimes, à vos voisins, mobilisés de Saône-et-Loire, aux volontaires du Rhône, et enfin à la première légion mobilisée de l'Isère. Laissez-moi, braves habitants de Fontaines, au nom de tous les soldats, mobiles, mobilisés et francs-tireurs, vous dire que dans ces jours périlleux vous avez fait aussi noblement votre devoir, vous les avez reçus comme des frères, vous avez partagé avec eux vos modestes ressources, en un mot, vous avez fait tout ce qui dépendait de vous pour adoucir leurs privations et leurs souffrances ; recevez aujourd'hui par ma voix l'expression de leur profonde reconnaissance.

Les mobilisés de l'Isère et les francs-tireurs dauphinois ont pris une part active et glorieuse aux événements militaires qui se sont passés dans votre département ; personne de vous n'ignore que, dans le combat du 23 janvier qui s'est livré à Pouilly, les francs-tireurs, à la tête de la quatrième brigade, ont repoussé l'ennemi, et qu'un drapeau ennemi est tombé entre les mains de M. Rostaing, leur brave commandant. N'enlevons pas, comme on a cherché à le faire, cet honneur à ces braves enfants du

Dauphiné, ils ont dignement rempli leur devoir et ils ont fait honneur à leur pays ; il s'est donc établi pendant ces malheureux temps, entre les habitants de la Côte-d'Or et les Dauphinois, un lien d'union fraternelle et d'estime qui sera d'autant plus durable qu'il a été contracté devant l'ennemi et scellé de leur généreux sang.

Messieurs, c'est avec une émotion profonde que nous nous retrouvons au milieu de vous, c'est aussi avec plaisir que nous voyons que vous avez réparé les ravages de cette funeste guerre ; mais vous avez gardé et vous garderez toujours le souvenir de vos vignes dévastées, de vos maisons trouées par les projectiles ennemis, de vos rues encombrées de morts et de blessés ; vous garderez encore plus profondément le souvenir des malheurs de notre patrie. Aujourd'hui, elle se guérit de ses blessures, elle travaille, elle se recueille et elle garde au fond du cœur l'espoir de redevenir ce qu'elle était, c'est-à-dire la grande nation ; elle attend pour cela des temps meilleurs, qui arriveront, n'en doutons pas, car elle sait que le patriotisme, l'amour et le dévouement de tous ses enfants ne lui feront jamais défaut.

Je termine, Messieurs, en vous disant que cette touchante cérémonie sera un précieux souvenir, non seulement pour ceux qui ont combattu dans notre pays, mais encore pour tous vos concitoyens ; elle fait honneur à leur patriotisme, car en érigeant ce monument pour honorer et perpétuer la mémoire des soldats morts au champ d'honneur autour de votre village, vous donnez un bel exemple à la génération future et vous acquérez la reconnaissance des familles qui ont perdu leurs enfants ; c'est pour elles une douce consolation de savoir que désormais ils reposeront dans le saint lieu du dernier repos, et que vos prières ne leur manqueront pas.

Un dernier mot que m'inspire la présence de ces nombreuses et dignes mères de famille... Votre présence à cette cérémonie, votre recueillement, et les larmes que vous versez autour de ces cercueils sont la plus belle et la plus touchante escorte qu'ils puissent avoir. Vos regrets attestent que vous avez perdu des enfants qui vous étaient chers...! Oui, nous savons tous que les braves enfants de la Côte-d'Or se sont vaillamment battus pour la défense de la patrie. Mais consolez-vous par la pensée qu'il est beau de mourir pour son pays ; il vous en est reconnaissant. Consolez-vous aussi par la pensée que, sur les divers champs de bataille où ils sont tombés, on a élevé de semblables monuments, et que l'on fait sur leur tombe ce que vous faites ici ; on pleure et on prie.

Messieurs, avant de nous séparer, *prions donc pour nos morts, et espérons pour les vivants.*

---

# DISCOURS DE M. LE GÉNÉRAL PÉLISSIER

La cérémonie, qui nous réunit en ce lieu, nous rappelle de douloureux souvenirs. Il y a quelques années, le canon retentissait sur toutes les hauteurs qui environnent la ville de Dijon, et les habitants de cette ville voyaient avec angoisse suspendus sur leurs têtes tous les malheurs qu'entraîne avec elle une guerre sauvage, et les désordres d'une ville prise d'assaut.

Grâce au dévouement de ceux dont nous célébrons ici la mémoire, grâce à l'expérience du général qui commandait alors l'armée des Vosges, à la direction et à l'ensemble qu'il sut donner à tous nos mouvements, ces malheurs purent être écartés, et un sentiment de fierté, une réminiscence de gloire se mêle aux souvenirs douloureux que nous ont laissés les événements de cette époque.

Trois jours entiers, l'orage a grondé sur les divers points de cette enceinte ; et la nuit ne suspendait pas toujours ces combats, qui renaissaient à l'aube de chaque journée.

Daix, Hauteville, Fontaines, Pouilly, nobles étapes de cette lutte glorieuse, champs arrosés du sang de tant de nos braves compatriotes, puissent vos noms transmis·à nos derniers neveux, alors qu'ils reliront l'histoire de nos malheurs, être pour eux un témoignage que leurs pères du moins n'ont failli ni au courage ni à l'honneur !

Oui, nous le constatons avec orgueil, en présence des dangers de la patrie, toute division intérieure avait cessé, tous les partis s'étaient donné la main. Une pensée, une pensée unique absorbait tous les esprits : l'expulsion de l'étranger.

Oh ! vous tous qui avez succombé dans cette noble lutte, ne vous plaignez pas de votre sort. Plus heureux que nous, vous avez pu croire en mourant que vos efforts seraient utiles au pays, que votre sang répandu cimenterait l'union entre tous les Français. Vous n'avez pas courbé le front devant le joug de l'étranger, et vu les factions armées s'acharner sur les lambeaux de la France mutilée.

Et vous, qui, sans y être appelés par le devoir envers votre patrie, avez sacrifié vos existences au service de la France, et vous surtout, noble comte de Bosak-Hauké, qui, pour secourir notre pays en détresse, avez si généreusement quitté votre famille et votre patrie, recevez ici l'expression de notre reconnaissance et de nos regrets.

Puisse ce témoignage de notre sympathie aller donner à votre veuve, dans sa retraite, un moment de consolation, et aux orphelins, que vous avez laissés, l'assurance que dans tout cœur français ils trouveront un ami !

Enfin, messieurs, au nom de tous mes anciens compagnons d'armes, permettez-moi de remercier les autorités de cette commune d'avoir songé à donner à nos pauvres défunts un monument digne d'eux.

C'est par de pareils procédés qu'on entretient le patriotisme et qu'on relève la dignité d'une nation.

Et maintenant, adieu, au nom de tous vos frères d'armes,

adieu, nobles victimes ! sous ces ossements accumulés, notre œil chercherait en vain à reconnaître les traits d'un ami. Mais nos pensées grandissent et notre cœur s'élève. Non, tout ce qui vous a appartenu n'est pas renfermé sous ces froides reliques. Du lieu que vous habitez, vous nous entendez encore, et vous avez compati aux malheurs dont vous n'avez pu préserver notre infortunée patrie.

----

# DISCOURS DE M. PERDRIX

VICE-PRÉSIDENT DU CONSEIL GÉNÉRAL

MESSIEURS,

L'honneur qui m'est échu aujourd'hui de représenter à cette touchante cérémonie le Conseil général de la Côte-d'Or me fait un devoir de ne pas m'éloigner de cette tombe où nous venons de réunir les corps des braves soldats tués au pied de la colline de Fontaines, dans les journées des 21, 22 et 23 janvier 1871, sans joindre ma voix à celles que vous venez d'entendre pour proclamer avec elles leurs titres à la reconnaissance du pays qu'ils ont honoré en combattant ses barbares envahisseurs et en donnant leur vie pour lui, alors que nos armées, lâchement trahies et désarmées, courbaient la tête sous les aigles de la Prusse à laquelle on les avaient livrées prisonnières.

Au nom du département de la Côte-d'Or, au nom de la ville de Dijon, au nom de la Bourgogne tout entière, je viens déposer, sur le monument élevé à leur mémoire par le patriotisme des habitants de Fontaines qui les ont recueillis comme des frères, la couronne qu'ils ont méritée, et à côté de leurs noms gravés sur la pierre qui va recouvrir leurs cendres, placer cette inscription :

« Aux enfants des Alpes-Maritimes, de l'Aveyron, de l'Isère, de Saône-et-Loire, morts pour la patrie. »

Car ils sont morts comme mouraient ceux de la Côte-d'Or à la défense de Dijon, au siége de Paris, comme mouraient les Fauconnet, les de Grancey, les Sorlin, les Broissant, les Cave, les Siméon, les Lhugnot, les Paillet et tant d'autres dont les noms, conservés par l'histoire, ne viennent pas en ce moment à mon souvenir. Tous sont tombés au champ d'honneur en défendant la France, la terre sacrée qu'ils aimaient, celle que nous devons tous aimer d'un amour exclusif, parce qu'elle est la tombe des ancêtres, le berceau des enfants, le foyer de la famille, parce qu'enfin elle est la patrie.

# MONUMENT FUNÈBRE

Ce monument, dessiné par M. Mairet, architecte à Dijon, exécuté par M. Schanouski, sculpteur en la même ville, et érigé en 1873, est dû particulièrement à l'initiative de M. Lebert, alors maire de Fontaines, ainsi qu'au concours empressé du Conseil municipal. Tous ceux qui l'ont vu se sont accordés à en louer l'idée, le style et l'emplacement.

Sur la face en avant, il porte ces inscriptions :

HONNEUR ET PATRIE

---

AUX SOLDATS MORTS POUR LA DÉFENSE DU PAYS

LES XXI, XXII ET XIII JANVIER

MDCCCLXXI

---

NE NOUS OUBLIEZ PAS

---

Sur la face opposée, qui regarde l'église, on lit :

AUX GARDES MOBILES

DE L'AVEYRON ET DES ALPES-MARITIMES

AUX GARDES MOBILISÉS

DE L'ISÈRE ET DE SAONE-ET-LOIRE

AUX VOLONTAIRES DE TOUTES ARMES

FONTAINES-LES-DIJON

Ce monument a été érigé, sur un terrain communal, à 4 mètres en avant du cimetière. C'était le seul endroit qui parût le plus convenable, à tous les points de vue, pour le recevoir dignement. Il n'était pas dans la terre sainte ; mais, d'après la pensée de ceux qui ont présidé à son placement, il devait s'y trouver un jour, le cimetière, fort exigu de ce côté, et terminé par un mur ignoble, devant s'avancer jusqu'à 3 ou 4 mètres en avant du trophée, de manière à l'englober dans son enceinte.

La gravure, mise en avant de cet opuscule, représente ce monument avec ses accessoires complétement terminés. L'habile artiste qui les a dessinés, le frère Raynuce, de la Doctrine chrétienne, a fait figurer en avant une grande pierre tombale : c'est là que sera le sépulcre des 35 soldats. Il a fait de même figurer, avec une grille en fer, destinée à isoler ce mausolée, le mur nouveau qui doit clore le cimetière, prolongé, comme on le voit, jusque-là.

Nous avions évalué provisoirement à 1,500 francs la dépense de ces accessoires. Mais un calcul plus réfléchi nous oblige à le porter à 2,000 francs ; car il faudra tailler dans le roc le nouveau sépulcre, exhumer les morts pour les placer là définitivement ; les couvrir de deux vastes pierres tombales, sur lesquelles on gravera les noms des victimes, autant qu'ils seront connus ; entourer le monument d'une grille en fer, faire un mur de clôture, et enfin amener une assez grande quantité de terre pour remplir le vide de cette nouvelle partie du cimetière.

Et à ce propos, nous émettons une idée, qui sera comprise des gens de cœur. Il est à désirer qu'on puisse y transporter la même terre de cette vigne, où ces braves ont été déposés pendant cinq ans, terre sacrée, qu'ils ont saturée de leur chair et de leur sang. Le respect de leurs cendres semble en faire un devoir impérieux.

Pour faire face à toutes ces dépenses, nous comptons sur la générosité publique, mais surtout sur celle des départements, dont nous avons voulu honorer les héros. Déjà Grenoble, par une nouvelle souscription, dont M. le colonel Bleton a pris l'initiative, nous a fait parvenir dernièrement 500 francs. Mais les souscriptions ayant été épuisées dans les autres pays, nous n'y comptons plus guère ; aussi, nous tournons nos espérances vers leurs Conseils généraux. Voici qu'ils vont se réunir, et nous aimons à nous persuader qu'ils se feront volontiers les interprètes du sentiment public, et qu'ils regarderont comme un devoir de nous aider, par un vote généreux, dans l'honneur que nous voulons rendre à leurs braves compatriotes.

# TABLE DES MATIÈRES




DIJON, IMPRIMERIE DARANTIERE, RUE CHABOT-CHARNY, 65